맑은 날

리토피아포에지 · 171
맑은 날
인쇄 2025. 11. 23 발행 2025. 11. 28
지은이 송용희 펴낸이 정기옥
펴낸곳 리토피아
출판등록 2006. 6. 15. 제2006-12호
주소 21315 인천광역시 부평구 평천로255번길 13, 부평테크노파크M2 903호
전화 032-883-5356 전송032-891-5356
홈페이지 www.litopia21.com 전자우편 litopia999@naver.com

ISBN-978-89-6412-213-6 03810

값 12,000원

* 한국 예술인 복지재단의 지원으로 책을 발간합니다.

송용희 시집

맑은 날

한 걸음 한 걸음 내딛던 설렘
그 불씨 꺼트리지 않고 조바심 내며 살아왔다.
행복한 긴장은 나를 조금 더 성장시킬 것이기에.

어느 날부터 걸러내지 못한 아픔이 죽비 되어
내 안에 꼬투리가 열렸다.
놓쳐버린 시간에 알파를 더한 예순여섯의 열정
언어만 말고 마음도 함께 번져나가면 싶다.

화장기없는 얼굴을 내미는 듯 마음이 간질거린다.
작은 행복이 전해졌으면 좋겠다.

2025년 가을
송용희

차례

제1부 흐리고 비

제2부 차차 갬 오후 늦게 햇발

제4부 구름 위에 서성이는 마음

| 제1부 |
흐리고 비

겨울 이야기

스르르 스륵 스륵
댓잎 사이로
바람 우는 소리

마당귀 감나무엔
까치밥 두어 그릇

타닥 타닥
장작 타는 아궁이에
엄마는 고구마를 묻었네

까르르르르
어린 내 마음도 군고구마처럼
구수하던 시절

감자꽃

온 힘 다해 어둠 뚫고

자주색 감자는
꽃 피웠건만
그 꽃봉오리 꺾인

꽃이 피면
씨알 작다는 이유로
피우지 못한 향기
서럽게 멍들었다

땅에 뒹구는 멍든
자줏빛 꽃잎

조랑조랑 밑들 자식들 위해
곱디고운 날을 접은
어미

메밀꽃

빈 들에 서 있네
하얀 쌀밥 머리에 이고

생일 아침 할머니 눈치 보며
엄마가 밀어주던 하얀 쌀밥은
메밀꽃보다 더 희었지

가마솥 넘치는 밥 냄새가
엄마 가슴에
바람 되어 흩어졌겠다

이제 넘치는 게 쌀인데
옛일을 잊은 나를 깨우러 왔나,
추억 속 나를 부른다

하얀 가을꽃
가슴에 찬 바람 분다

민증

얼굴 안 보고도
흰 광목 수건으로 알아차린다

고추밭 잡풀 뽑으며
줄줄 흐르는 땀을 닦았다
새벽 종소리에 일어나
양말은 못 신어도
머릿수건 챙겨 쓰고
엄마는 열여섯 식구 밥상을 차렸다

할아버지 밥상에만 놓여있는
조기가 먹고 싶은
어린 딸 마음을 닦아주던 광목 수건

사십 년 전
거제도 해금강 유람선 타러 줄 섰을 적
민증 보여줘요, 민증
신분증 검사에 당황한 엄마
죄졌간디 뭔 민증 검사랴,

중얼거렸다

가방만 뒤적뒤적
고추밭 고랑에 시든 풀처럼
풀이 죽었다

깜빡 잊고 안 가져온 민증 대신
가방에서 흰 광목 수건이
불쑥 나왔다

고추와 엄마

얼얼하도록 고추를 땄다

허리에 질끈 묶은
광목 앞치마에 고춧물이 붉고
허리가 끊어져도
장날 내다 팔 생각에
휜 허리에 힘이 났단다

어쩌다
돼지고기 서너 근 끊어오셨다
갈치, 고등어, 조기 새끼
묻혀온 비린내로 입맛 돋우셨다

콩나물시루 콩나물 같은
자식들 웃음에 힘이 났단다
고추처럼 맵던 시집살이도
견딜만했고

몸집보다 큰 고추 보따리 이고
십 리길 가던 울 엄마

군고구마

처마에 걸어둔 시래기
바스락거리면
겨울이 깊어 갔다
아궁이 속에서는
고구마가 익었다

장작불 속
군고구마를 꺼내주면
우리는 얼굴에
그림을 그렸다
엄마는 덩달아 배부르시고

먹다가 만 고구마 들고
엄마 얼굴 바라보면
어여 먹어, 어여
늘 배부르다시던
엄마

엄마의 꽃밭

에고 이뻐라,
소국 향에 얼굴 붉던 늙은 소녀

부엌 뒷문 여는 소릴 기다려
새벽이슬보다 꽃향기가
먼저 손을 내민다

열아홉 댕기머리 꿈은
종갓집 종부란 굴레에 묶였다
시시때때 손님맞이에
부뚜막 가마솥은 부글부글 끓었다
그녀 가슴도 끓었다

온종일 종종거리던 숨 헐떡인다
이른 새벽 뒷문을 열고
소국 향 가득 품던 그 순간이
숨 쉴 수 있는 숨구멍

에미야 조반 다 됐냐,

시어머니 목소리
불호령 떨어질까 화들짝 놀란 가슴 앞치마로 감하고
예 다 돼가요, 그녀의 도돌이표 일상

부엌 뒷문을 열면 환하던 그 꽃밭
시들었다

그 시절

다듬잇돌 위 이불 홑청
연신 방망이질

인자사 홑청 손질이냐,
혀를 차시며 옷감 한 보따리
다딤이돌 옆에 내던졌다

맵다
고추 한 덕석 널고 오셨을까,

느그 시애비 생일 옷 한 벌 만들어라,
고초당초보다 더 매웠다
밤새 밟아댄 재봉틀도
가쁜 숨 몰아쉬었다

쉴 틈 없는 농사일에
두루마기 시침이 더딘 밤이었다

꾸벅꾸벅 실은 끊기고

머리는 도리뱅이쳤다
새벽 종소리에
실오리 같은 그믐밤도 졸다 깼다

새 두루마기 바람벽에 걸고 나서야
무거운 눈꺼풀 그제야 박음질했다

그날을 깁고 계시는
먼 엄마

홍시

땡감이 붉어질 때면
입 안에 맴도는 맛
어느새 침이 고인다

홍시가 되면 울 할머니
제일 붉은 놈
오빠 앞에 밀어 놓고
그다음 좋은 놈
내일 먹을 오빠 몫으로
선반 위에 올려놓았다

터지고 못생긴 건 손녀들 몫
언제나 그랬다

선반 위에 올려놓은 홍시 바라보다
괜스레 오빠가 미워
땡감처럼 떫은 멍 들었다

바구니 가득 홍시
할머니 생각에 눈시울 붉다

시래기

동지섣달 바람이 차다

시래기보다 푸석한 엄마는
한 움큼 불렸다

한나절 물에 불리면
폴폴 살아나던 시래기
지지고 볶고 끓였다

자식들 밥숟가락 소리에
바스락거리던 세월도
폴폴 살아났을까,

헐렁한 몸뻬만 팔랑거리던
엄마,
처마 끝에 바스락거린다

엄마 생각

네 딸과 소풍 갔다
고로쇠 물 항아리 비운만큼
밤새 웃음을 채웠다

오늘은 내가 주모다, 엄마는
넘치게 고로쇠 물 따라주셨다
마지막 소풍인 걸 아셨던 걸까

첫 잔에
오장육부 깨끗이 씻어내고
둘째 잔에 힘들었던 일
잊어버리고……
여섯째 잔, 일곱째 잔
한없이 퍼주셨다

네 딸만 다시 찾은 지리산
민박집 고로쇠 물 항아리 속에
엄마의 유언처럼 바가지가
떠 있다

〉

1박 2일

마셔도 마셔도 허기가 진다

여덟째 잔, 아홉째 잔,

개똥참외

고추밭 귀퉁이 노란 참외
앞니로 껍질 득득 긁어 내게 준다
개똥참외가 꿀이다 꿀

근디 이름이 왜 그려,
똥 속에서 났으니 그렇지,
엄마는 노랗게 웃으셨고
나는 한입 베물다 말고 던져버렸다

나 안 먹어,
혓바닥이 피가 나도록
침을 뱉어댔다

이듬해 고추밭 귀퉁이 참외꽃 피었다
이건 개똥참외 아니다
저쪽 밭 아지매한테
두어 그루 얻어 심은 거다

참외 보다

더 달기만 했던 엄마 생각에
뭉클한 맘 몇 포기 심는다
짠 눈물도 두어 방울

빈집

대문을 밀쳤다 삐그덕
놀란 나무가 감 하나를 놓친다

땡감도 주전부리였다
아직 떫은 감도 깨물면
마음을 채운다 했다

엄마 가시고 10년
주렁주렁 열리던 감이
올해는 듬성듬성 열렸다

가지가 부러지고
잎은 헤성헤성하다
온기 없는 집 지키느라 늙은 모양이다

어서 익어라 울 딸 먹이게
그 옛날 장독을 닦으시던
혼잣말이 들리는 것만 같다

개망초 쑥대
발 디딜 틈 없는 마당
생전인 듯 푸념해 본다
마당의 저 풀은 어쩌라고,

불쑥 들릴 자식들 기다리며
엄마가 빈집을 지키고 있다
툭, 빈 장독대 위로
떨어지는 감

운다

텃밭을 보니
울컥 눈물이 난다
양푼에 온갖 푸성귀 넣어
배 불려 주던 엄마

하늘에 구름이 예쁘다며 자꾸만
맑은 날이면 하늘을 봤다
구름이 예뻐
속이 다 시원하다던 엄마

장독 옆 곱게 핀 봉숭아,
딱 한 번 같이 꽃물을 들였었다
진작 해 볼 걸,
거친 손에 안 어울릴 것 같아서…
내 말문을 막던

가끔 물을 마시다 운다
수술 후 물 한 모금만 달라던 애원
금식이라 못 드렸던 그 한 모금이

자꾸 눈물이 된다

엄마처럼 하늘을 올려보며
흐르는 눈물 감출 줄 모르는
내가 밉다

구들장

감기다 삼 일째 아프다
주사 맞고 약을 먹어도
낫지 않는다

나 어릴 적 엄마는
감기, 몸살로 아팠을 때
구들장 아랫목에서
한숨 자고 나면
힘이 벌떡 생긴다 했다

자식들 기댈 데가 없을까 봐
흠뻑 땀 흘리고 났더니
다 나았다 했구나,

구들장이
명약인 줄 알았었는데
사랑이었다

제2부

차차 갬 오후 늦게 햇발

맑은 날

함지박에 밀가루
막걸리 부어 치댔다
아랫목에 재워 둔 반죽
뽀얗게 부풀어 올랐다

달달한 팥앙금 넣은
가마솥 가득 찐빵 냄새

후드득 후두둑
유리창을 두드리는 긴 장마,
빵을 찌던 엄마 꿈 깨어
통통 배부르다

평생을 다 주어도
못다 준 마음 남아 꿈에 오셨나,

다음에는 엄마
나 배부른 날에 오셨으면 좋겠다
나 배불러요,
내가 먼저 말해 버리게

홍어무침

텃밭에 마늘을 심고 있었다

울려대는 핸드폰
다급한 소리 쏟아내는 한 마디
이모 가셨대,

쿵,
비닐 멀칭 구멍 속으로
마늘씨 한쪽 툭 떨어졌다

목구멍에서 올라오는 훈김
꾹꾹 밀어넣었다

가을걷이 끝나면
밥보다 좋아하시던 홍어무침 싸들고
찾아뵈려 했건만

느그 엄마 홍어무침이 제일 맛있어야
이모는 나보다 삼 년 전 가신

엄마를 찾는 것만 같았다
맵다는 핑계로
소주 한잔 털어넣었다

코끝 찡하니
눈물 핑 돌게 곰삭아야 제맛이다

빙그레 촛불에 비친 영정 속 이모가
생마늘처럼 아리다

쌈

고추밭이 달아오르면
호박잎도 덩달아 쑥쑥 자란다
여린 잎 툭툭 끊어 쪄내면
보리밥 강된장에 그만이다

빵빵해진 볼 오물거린다
보리밥 한 알 튀어 나온다
애야 어여 먹어, 어여
까실까실 쌈 싸주던 엄마

호박잎보다 거친 손 밀쳐내며
맛없다, 투정하던 시절

올해도 밭둑의 호박잎 따다가
장마처럼 눅눅한 추억을 찐다
맛으로 먹는 건지
마음 고파 먹는 건지
배불리 먹어도 헛헛한 쌈

호박도 열리기 전에 잎을 따면 어쩌누,

두리번거리는 밭두렁

환청처럼 멧비둘기 운다

대구와 엄마

외포항 대구탕 집 앞 덕장
수백 마리가 걸려있다
줄에 꿰어 시원하게 해풍을 맞고 있다

오장육부 다 들어내고
거제 바다 향해 쩍 벌린 큰 입으로
무어라 하소연하고 있을까,

이유 없이 두들겨 맞고
술꾼들 속에 시원하게 채워질 신세
시집살이 눈물 밥을 해야 했던
울 엄마랑 똑같다

대구탕 맵게 끓였다고
생트집에 호통쳤다던
돌아가신 할머니가 떠오른다
사장님 얼큰하게 끓여주세요,
괜스레 심통 났다

오장육부 끄집어내
도랑물에 씻은 게 수백 번이라면서
속없는 듯 웃던 엄마도
저 속없는 대구 신세였겠다

대구처럼 입 쩍 못 벌렸을
찍소리도 못했을

보름나물

가을바람에 말려놓은
무시래기
고구마 줄기
토란대
고사리
피마자 잎

가마솥에 삶아
묵은내 우려내서
엄마표 양념 조물조물
흉내 내보지만
그 맛 못 내니
무엇이 빠졌을꼬?

그리움 한 수저
고향 맛 한 움큼
아니
아니지

자식 앞에서
늘 배부르다 하신
거짓말 한 줌이
빠졌구나

딸의 손을 놓으며

가슴이 뛴다
그날처럼

웨딩드레스 때문일까,
내 품을 떠나는 날갯짓 때문일까,
기쁨과 허전함이 밀려온다

예쁜 짓, 개구쟁이 짓
하나둘 꽃처럼 피어난다
추억이 모락모락 숨을 쉰다

따뜻했던 날
매웠던 날
행복했던 순간들

딸이 나를 잡은 날 보다
내가 딸을 잡은 날이 더 많을까,
손끝이 아린 걸 보니
이제는 놓아줘야 할 시간

사뿐사뿐 내딛는 걸음

첫걸음 뗐을 때
기쁨과 불안함이 가슴 뛰게 했던
그날처럼

날갯짓에 또 두근두근

장날

엄마 찐빵 사 와 찐빵
보채는 동생 뒤통수에
내뱉는 할머니 말씀

찐빵은 무슨, 돈이 썩었냐
무섭게 실눈을 뜨셨다

에미야
장손 먹이게 고기 두어 근 끊어 와라

풀죽은 동생은 콧물만 흘리고
엄마는 괜시리 광목 앞치마 지르잡아
동생 콧볼 잡고 흥 해봐, 흥
연신 콧물을 닦아냈다
흥 그래 그래, 흥

나중에야 알았다
할머니 눈치 보며 흥 해봐, 흥
응 그래 그래, 응 찜빵 사올게

엄마 대답이었다는 걸

천사

햇살이 반짝인다
천사가 왔다는 소식에
바람도 살랑살랑 춤을 춘다

싱그러운 봄날
보석처럼 안겼다
오묘하고 오묘하다
코는 할아버지 닮았어,
발은 아빠 닮고,

비둘기처럼 구구거린다
미동 하나에도 가슴 설레어
눈물이 핑 돈다

입술을 옴찔옴찔 눈은 껌벅
집안일은 뒷전

환호성을 지른다
시간아 멈춰라!

분홍이

동백꽃
봄비에 꽃망울을 연다

내 마음 알았는지
살포시 꽃잎 열어
살랑살랑 방긋방긋 애교다

태어날 손녀 생각에
이름표를 달아주었다
'예쁜 분홍이'

내가 딸을 낳자 남편은
아들을 바랐는데,
아들보다 딸이 최고라는
딸바보 사위

사흘 후면
분홍이가 분홍분홍 오겠다
방긋방긋 살랑살랑

환청

달리는 바퀴 소리
응애애애
튼튼이 울음이 같이 달린다

달팽이관에 녹음된 노래
귓바퀴를 돈다 응애애애

배가 고플까,
쉬를 했을까,
괜스레 움찔거리는 손

큰일이다
헤어진 지
삼십 분도 안 됐는데

튼튼이가 눈에 밟혀
발걸음이 천 근이다

선글라스

까만 선글라스 쓰고
거울 앞에 폼을 잡는

두 살짜리 손녀
뭘 보고 있는 걸까,

거울 속 제가 신기한 듯
깔깔 웃는다

고운 세상에 흠뻑 빠진
울 손녀 선글라스
그 눈에 뭘 보일까,

흠 많은 눈 보이지 않으려
눈 가리는 할머니 선글라스

흠 많은 세상 보지 말거라
눈 가렸다

기원

에취 에취
재채기하는 튼튼이

걱정 마란 듯
재채기 이겨 내고
태명처럼
튼튼하게 자란다

코로나 시대에도
거뜬한 면역력
쑥쑥 자라는 튼튼이

지혜롭고 따뜻한
세상을 새롭게 할
인물 되거라

채송화

꽃잎 스치는
배시시 바람 소리는
방긋 까르르
울 아기 웃음소리 같아라

바람에 나풀거리는
해사한 꽃잎은
옹알옹알 오물오물
울 아기 입술 같아라

물만 주면
자라는 너는
나날이 쑥쑥 크는
울 아기 팔다리 같아라

햇살에 반짝이는 씨앗 주머니
머루알 같은 울 아기
눈동자 같아라

꽃밭에서

튼튼이와 꽃밭에서
꽃처럼 찰칵

배시시 함박웃음
꽃인들 따라 할까,
꽃보다 좋은
울 아기 향기에
호랑나비 날아든다
옹알이하는 입술에
나비도 반했다

튼실하게 자라서
피우고 열매 맺을 꽃밭에서
온종일 뒹굴뒹굴
웃음꽃 방실방실

숨바꼭질

할미 나 숨었어요,
찾아봐!

꼭꼭 숨어라
머리카락 보인다
튼튼이와 숨바꼭질

꺼병이처럼
이불에 머리만 파묻고
엉덩이를 들썩거린다

어디 숨었을까,
이쁜이 어디 숨었지,

모른 척 헤매니
고개 내민다 까꿍 까꿍
까르르 까르르
온 집안 웃음꽃 핀다

| 제3부 |

민들레 홀씨처럼 두둥실

은행잎

찬 서리 내리고
계절 품은 노란 나비

바람이
간질거린다 날아보라고

바람 끝 잡고서
암만 팔랑거려도
날개가 되지 못하는 잎

퍼덕거리다
퍼덕거리다 곤두박질친다
바람 소리 토해낸다

가을이 떠나려나, 우수수 팔랑대는
노란 나비

아멘

고사리 방풍나물 부지깽이
피마자 취나물 들깻잎
토란대 호박고지 가지

봄볕에, 가을볕에 말려 둔
그득그득 세 항아리 정성이
그만 손을 탔다

아는 사람 짓이구먼
말리는 걸 다 본 사람 짓이야
개고생 말고 사 먹어,
친구 너스레에 더 부아가 났다

정월 대보름날이 다가와
나물 몇 봉지 사왔다

내 얘기 들은 나물 파는 할머니
쯧쯧 혀 차며
덤으로 준 인심도 삶고 볶는다

그래 바보짓 그만해야지
아니지 내년엔 여섯 항아리 할까,
오른손이 하는 일 왼손이 모르게 하라
이 말도 함께 넣을까,

아멘

이순

한여름 지나
빈 가슴 채울 길 없으니

별빛도 가슴에 담지 못하고
폭포수 같은 계곡물도
시원하지 않고

나이 든다는 것은
정녕 어두운 낯빛 되어
잦아드는 일인가,

생은 의미 부여라는
어느 시인의 말처럼
내 삶의 의미는 무엇일까,

안개가 걷히지 않는다
먼 산이 가물거린다

세밀화

붓끝에서 들꽃이
천상의 옷을 입는다

불청객 박주가리는
고추밭이 매워
발랑발랑 뜀뛰고
쥐방울덩굴은
그네 되어 바람을 잡는다

무엇이 갉아 먹었을까,
참마 잎 엄마 손등 닮아
마음 아리다

자궁 같은 흙에서 저마다
생명을 피워내고
향기를 풀어낸다

가을이 가는 소리

고추를 널자마자
고추잠자리 짝 찾느라 바쁘다

갈바람 살랑살랑
내 맘은 초침처럼 동동거린다

호박고지, 가지
피마자잎, 취나물
보름나물 말리는 마당에
가을빛 시들어간다며
배롱나무 꽃잎은
어느새 졌다

마당 모퉁이 감나무에 어느새
단풍

동백꽃

가슴 깊은 곳에
둥지 틀던 너

불같이 뜨겁던
어느 날

다 타지 못한 가슴

나뒹굴더라

동백섬

뒤돌아
잡을 수 없는 그림자

울울이 가꿔왔던
삶의 정원을
달팽이 촉수처럼
더듬거린다

장밋빛 시간들
거미줄에 걸린 듯
허공에 맴돌고

해무 속에 갇힌 기억은
심해를 떠돌고 있다

갈매기 날갯짓
동백섬 바람길에
쉼을 얻는다
젊은 날의 꿈은

포말 되어 흩어진다

수줍던 단발머리
어느새 서리 내렸다
빛바랠 내일을 위해
숨을 고른다

목련꽃

가슴 떨리며 마셨던
자판기 커피가 생각난다
목련꽃 필 때면

커피를 건네주며
파르르 떨던 그 사람
눈 둘 곳 없어
꽃만 만지작거렸다

해병대 팔각모자가
멋져 보였던 것도
그 꽃 아래서였다

그가 내게 했던 말
너처럼 목련꽃이 참 이쁘다

남강 휴게소를 들릴 때면
그 자리에서
가슴 떨렸던 추억을 마신다

지금도 목련꽃 이쁠까,

꽃차

메리골드를 따 말렸다
햇살은 꽃잎에
또 한 생을 피워냈다

비바람에 뒹굴고 치이며
생채기 끌어안고 살았다

얼마나 견뎌야 나는
얼마나 햇살에 말려야 나는
향기를 낼까

오후엔
우리 집 앞에 쓰레기를 버리는
이웃을 불러야겠다

햇살 아래 마주 앉아 꽃차 한 잔
깊어 가는 가을 향기 나눠야겠다

찻잔 속 꽃처럼 활짝
웃어야겠다

바람

온밤
귀뚜라미 울고 바람 차다

머리엔 어느새
만경강 억새꽃

가을을 품어야지
열정의 뒤란에
가만히 묻어 두었던
바람을 노래해야지

나만의 향기 품도록
그 향기 오래 감돌 수 있도록

바람을 위한 바람이 불고
계절이 깊다

봄비

여우비가
살금살금
내 맘 간질이네요

기다렸다는 듯
채 손끝도 닿기 전
홍매화 벙그네요

언제던가
감쪽같이 사라진
그리운 여우 생각에
화르르르 낮술 한 잔

봄비 탓인지
홍매화 탓인지
가려운 봄
손 안 닿는 등 뒤
그녀

회한

시계추가 헐떡거린다
내일로 휘달려 간다

파도에 밀려온 모래알처럼
짠 내음 절여진 시간들은
서러운 이력이다

허기진 혀로
허공 한 자락 물었을 뿐
넘실대는 파도와
휘몰아치는 풍랑 앞에
속수무책,

예순여섯의 가슴앓이
동백꽃보다 더 붉었던 청춘은
이젠 어쩔 수 없다

초침처럼 헐떡거린다

믿으세요

버스 정류장
졸고 있는 긴 철제 의자
땡볕에 담금질했나,
뜨겁다

손톱에 봉숭아 꽃물들인 여자
붙어 않는다
어머 딱 울 언니 닮았네요,
말을 붙인다
종교일까, 다단계일까,

버스 시간표만 바라봤다
머쓱한지 전도지 한 장을 준다
사탕도 몇 알

낮달 같은 환한 미소로 생긋
믿으세요!

세상도 사람도 믿지 못해
아프다

봄날 간다

장흥군 수락리 산골
당산 마당이 떠들썩하다
수십 명의 꼬맹이
환갑 넘어 고향에서 처음 모인 동창회

코찔찔이들 놀이터였던
삼백 살 넘은 당산나무도
신바람에 살랑살랑 연두 잎을 흔든다

니가 딴또 성열이냐,
오메 오메 벌써 이마에 갈매기 키우냐,
허허허

여기저기 봄꽃 터지는 소리 들린다
민들레 홀씨처럼 두둥실
추억들이 떠다닌다

제 너머 율포 해수욕장 키조개는
내가 제일 잘 잡았는디,

지금은 씨가 마를 지경이라매
우리 땐 천지 뻿깔이었는디
우짜쓰까나,

칠순을 바라보는 동창들
당산나무 아래서 뽕짝에 맞춰
폴짝폴짝 뛴다
마을 뒷산 산꿩도
꿔엉 꿔엉 한몫 거든다

무릎에 붙인 시큼한 파스 냄새
봄날 저문다

목메는 저녁

남편이 좋아하는
매콤한 홍어 비빔국수다
비빔장 듬뿍 참기름 넉넉하게

그래 장미꽃 한 다발
등 뒤에 숨겨오겠지,

둑방길 비릿한 개구리밥도
그 남자 땀 냄새도 고소했지
댕 댕 울리는 가슴으로
추억 듬뿍 고명을 올린다

핸드폰 벨이 울린다
오늘 회식이라 늦어,
간질거리던 종소리가 그만
컥 목에 걸린다
하필, 아~ 옛날이여~

결혼기념일 불어 터진 면발에
목메는 저녁

제4부

구름 위에 서성이는 마음

꿈을 일구다

묵은 씨앗 하나
움틀거렸다
꿈을 꾼다는 건
씨앗을 묻는 일

겨울잠을 자던 꿈이
봄에 고갤 내민다

3월 4일
미술대학에 입학하는 날
버리지 못한 묵은 씨앗
움트는 날

풋풋한 봄날을 일군다
예순여섯

살아가는 이유

살아가는 동안
많은 상처 주었겠지
마음에도 없는 말
물 붓듯 부어댔겠지

엉켜있는 실타래처럼
가슴 한켠 거미줄치고 꼬이고 꼬여서
마음 닫고 살아도 봤겠지
잔잔한 물가에 돌팔매질하듯
부질없는 간섭도 했겠지

뜨거웠던 바람도
짭짤했던 바람도 이제는
내 삶의 텃밭에 머무를 수 있도록
품어줘야지

봉숭아 씨 터지듯
웃음 터트려야지
꽃향기에 나비 살랑거리듯

실바람에 마음 내어줬야지

바람결에 살포시 다가올 수 있게
마음을 준다면
상처로 옥죄였던 거미줄 풀어지겠지
내 생애 끝자락에
후회는 묻혀 가지 말아야지

꿈

신혼 단꿈 달았지
딸 하나만 낳아 공주처럼 키우고
3층 건물 지어 치과 차려 줘야지

달콤한 꿈은
세 딸이 좋아하는
아이스크림처럼 녹아버렸지

작년 새해 일출 보며 다짐했지
유럽 여행 가고 캠핑 자주 하기
좋은 청년 찾아 딸 결혼 시키기
계획은 오간 데 없고 등짝만 시렸지

올해는
화가 되는 꿈을 꾸며
미술대학에 입학했지
새해맞이 소원이
아이스크림처럼 녹지 않기를

해넘이 송년의 밤은
토실토실 알밤처럼 알차기를

숱한 꿈
호리마리 사라졌으나
캠퍼스를 채우는 열정
이제야 비로소 옹골차게 익어가리

몽우

세상이 자그락거린다

갑진년
청룡의 기운 받겠다고
티브이는 온종일 와자지껄

오늘따라 몽우*다
가랑비에도 처마 끝에서
뚝 뚝 낙수진다

마당귀 수돗가
빨랫돌이 눈에 밟힌다
그 옛날 엄마처럼
나도 이불 홑청이나 뜯어 볼까
내 속 두들겨 팰까

노안처럼
빗방울만 오락가락
가물거리는 눈을 훔친다

절레절레 고개 저었다

겨우 환갑 지났다
그래 올해는 갑진년이다
오늘따라 몽우가 서글프다

*자욱하게 내리는 가랑비

노을

무슨 상처 그리 많기에
선홍빛 눈물인가,

서녘에 걸쳐 놓은 저 빛
평생 쏟아낸 삶일까,
비우고 비우고 쏟아보니
남은 건 황혼

하늘과 땅끝 붙들어
몸 사르는 노을처럼
온몸으로 견디는 나이

마지막 나를 태워볼까,

절기

자연은 순응이다

작달비 불볕을 회초리 치니
가을이 답삭 마중나온다

수혈받은 텃밭
더위 시름 까무룩 잊고
드높은 하늘을 우러른다

고비마다 흘린 눈물
내 생을 키운 회초리였다

흘린 눈물 이미 마르고
내 생애 절기는 마냥
봄 봄 봄

모래성

철 지난 해수욕장
다시 또 모래성을 쌓는다

움켜쥔 모래처럼
세월은 스르르 빠져나갔다
갈기를 세우고 달려드는 파도에
채 완성되지 못한 성은
흔적도 없이 사라졌다

넘실대는 마음 파도보다 높다
갈매기 끼륵거리며 하늘을 날건만
습관처럼 나는 날개를 접는다

멀리 수평선 끝에 노을이 붉다
꽃잎 다 떨군 해당화처럼
툭 툭
이순의 나를 떨군다

밀려갔던 파도가 밀려온다

인적 끊긴 해변

나홀로 소란하다

모래성도 서성인 발자국도

흔적 없겠다

가뭄

하늘거리는 바람이
한나절 물장구쳤다
검정 고무신 조각배 띄우고
다슬기 가득 실었었다

송사리 떼와 숨바꼭질하느라
꼬맹이들 해지는 줄 모르고
버들잎 따 이불 덮어주며
소꿉놀이하던 그 시냇가

넘쳐나던 냇물은 어디로 갔을까
웃음소리도 세월도 간데없다

세 살배기 오줌발 마냥
끊어질 듯 물길은
겨우 목숨줄 잇고 있다

번들거리던 조약돌은
어디로 쓸려 갔을까

피라미 송사리 떼 어디로 숨었을까

물장구치던 시냇물 말라버리고
눈물 자국 흔적뿐이다
세월 가면 눈물도
가뭄 든다는 말 이제야 알겠다

구절초

꽃분홍 철쭉 찾아
가버린 사랑

하얗게 분칠하고 산허리에
분내 폴폴 풍기면 온다던 임

천 리 밖 그가 볼까,
온산에 분칠하고
구름 위에 서성이는 마음

파란 하늘에 분내 날립니다

그래요 가을입니다

결혼

신발을 선물 받았다

내 발이 짝발인가,
오른쪽 신발이 작다

바꿀까 말까, 고민하다
선물 받은 명품인데
그냥 신자,

작은 쪽 신발을 당겨서
늘려 신었다
그래도 불편하다
명품이라는데 왜 이럴까,

버릴까 누구 줄까,
에휴 그냥 신자
명품이라는데

40년 맞춰가며 신다 보니
지금은 제일 편한
신발

감꽃

엄마 냄새 빈 가슴을 메웁니다
따라 나오던 대문 옆 누렁개도
나를 기다리고 있겠지요

감꽃 한 줌 주워
목걸이 만들어 주던 웃음
빈 가지에 걸려있겠지요

오늘도 산 너머 폭탄이 터지나 봅니다
바다 건너 어디로
전투기가 날아가고요
폭탄 터지는 소리
프로펠러 소리에
봄밤이 지네요

꿈에라도 만나고 싶은 엄마
사각사각 홑이불 당깁니다
터벅터벅 군화 발자국 소리
저는 이제 소녀가 아니랍니다

태평양 바닷물로

피나게 씻어도 지워지지 않을 한

살아도 죽은 지 오래랍니다

엄마 봄밤이 떫네요

꽃

외로움 하나 툭
던져놓고 가버린 동백

환장하게 속 뒤집어놓고
꽃비로 조롱하던 벚꽃

온 산에 불 지르고 단명한 진달래꽃

봄날은
그렇게 갔다

선풍기

날개가 돌았어도
날지 못하는 나
자유를 모르는 백치

다람쥐 쳇바퀴 돌 듯
틀 안에 갇혀
맨날 제자리

휘얼 휠 바람으로
나는 언제쯤이나
날 수 있을까,

송광사 가는 길 그 찻집

초록이 뚝뚝 떨어지는
송광사 가는 길,
발자국마저 설렘이었다

찻집 연못 위로
쪽빛 하늘이 쏟아졌다
구름도 춤추듯 내려앉아
소곤대던 그곳

커피 향에 끌려
징검다리 건넌 그 사람은 지금
어디서 무엇을 할까

물빛도 뜨겁게 달궜던
오뉴월 햇살처럼
가을 자락에 사그라들었을까

송광사 가는 길 그 찻집, 오늘은
혼자다

너

첫 만남은
설렘보다 두려움이었지

너의 숨소리까지
내게는 첫사랑이었어

처음 본 순간 너의 매력에
몇 날을 붙들고 애원했었어

낯선 너를 껴안는 손끝은
봉선화 터질 듯 떨림이었어

풀뿌리같이 거칠던 내 목소리
숯덩이처럼 타버린 내 가슴
몇 날이 가고

드디어
선홍빛 내 입술 훔쳐갔지
도도했던 오카리나

날씨를 말씀드리겠습니다

—송용희 『맑은 날』

안성덕 | 시인

137억 년 전 빅뱅Big Bang이 있었다. 우주는 시공간 한 점에서 시작되어 계속 팽창하고 있다. 온도가 낮아지면서 물질이 생성되었고, 이 물질과 에너지가 천체들을 생성했다. 우리은하 귀퉁이에 있다는 태양계, 45억 년 전 태어난 태양의 3번째 행성인 지구에 햇볕이 있고 소나기 혜성이 가져온 물이 있고 공기가 있다. 시시각각 기후가 변한다. 바람이 불고 구름이 끼고 비가 내리고 눈이 내린다.

날씨는 인간의 영역이 아니다. 사람의 능력으로 가능하다면 소풍 길은 늘 쨍할 것이며 농사철 흡족한 비로 세상은 풍년가 넘칠 것이다. 우주가 생겨난 게 절대자의 영역이듯

날씨도 그렇다. 돌아보면 삶은 언제나 우리의 기대에 반했다. 해가 필요할 때 비가 내렸으며 바람이 몰아쳤다. 그 비바람은 언제나 다른 사람 아닌 내 몫이었다. "인생이 비록 백 년을 산 데도 잠든 날과 병든 날과 근심 걱정 다 제하면 단 사십도" 못산다는 단가 「사철가」는 "이 산 저 산 꽃이 피"었으나 궂은날에, 진창 길에 꽃놀이 한번 가기 힘들단 말이겠다. 해가 필요할 때 쨍쨍하고, 비가 내려야 할 때 촉촉이 적셔주는 생 아니다.

1. 흐리고 비

지금은 세상이 변했지만, 옛날 옛적 우리 어머니들의 시절은 엄연했다. 숙명이란 이름으로 희생이 강요되고 그 희생을 당연시했다. 어머니는 항상 안 먹어도 배부른 사람이었다. 출가 전엔 딸이라서 천대받고, 출가해선 층층시하 없는 살림에 허리 펼 날 없었다. 입 하나 덜자고 보낸 경우도 허다했으나 막상 입 덜려고 간 시집의 빈 입을 책임져야 했다. 항상 할머니께 꾸중을 듣는 사람이었다. 뭘 그리 잘못했던지 대꾸 한 번 못 했다. 아버지는 그런 어머니를 감싸준 적 없었다. 어머니는 그런 가족들을 위해 꼭두새벽 밥을 짓고 낮엔 논밭에 나가고 밤엔 늦도록 바느질했다. 기억 속 어머니는 우산 들고 비를 맞는 바보였다. 안 먹어도 배가 부른 바보였다. 절절한 사모곡이다. "신은 곳곳에 있을 수 없어 세상에 어머니들을 만들었다." 「탈무드」의 말이다.

생일 아침 할머니 눈치 보며
엄마가 밀어주던 하얀 쌀밥은
메밀꽃보다 더 희었지

-중략-

이제 넘치는 게 쌀인데
옛일을 잊은 나를 깨우러 왔나
추억 속 나를 부른다

—「메밀꽃」 부분

어쩌다
돼지고기 서너 근 끊어오셨다
갈치, 고등어, 조기 새끼
묻혀온 비린내로 입맛 돋우셨다

콩나물시루 콩나물 같은
자식들 웃음에 힘이 났단다
고추처럼 맵던 시집살이도
견딜만했고

몸집보다 큰 고추 보따리 이고
십 리길 가던 울 엄마

—「고추와 엄마」 부분

열아홉 댕기머리 꿈은

종갓집 종부란 굴레에 묶였다
시시때때 손님맞이에
부뚜막 가마솥은 부글부글 끓었다
그녀 가슴도 끓었다

온종일 종종거리던 숨 헐떡인다
이른 새벽 뒷문을 열고
소국 향 가득 품던 그 순간이
숨 쉴 수 있는 숨구멍

에미야 조반 다 됐냐,
시어머니 목소리
불호령 떨어질까 화들짝 놀란 가슴 앞치마로 감고
예 다 돼가요, 그녀의 도돌이표 일상
　　　　　　　　　　　　　　　—「엄마의 꽃밭」부분

　엄마란 이름은 위대하다. 감쪽같이 세상 불가능을 가능으로
바꿔놓는다. 세상에는 시절의 법이 있다. 지금은 딸을 낳아
야 대접받는다는 이 많지만, 그땐 아들이 최고였다. "생일
아침 할머니 눈치 보며/엄마가 밀어주던 하얀 쌀밥은/메밀
꽃보다 더 희었"다. 딸이라고 생일날 쌀밥 한 그릇 해 먹이
는 것도 시어머니 눈치를 살펴야만 했던 시절이었다. 요즘
은 "넘치는 게 쌀"인데, 생일날 아침 엄마 생각 더욱 쓰리다.
"고추처럼 맵던 시집살이" 견딜 수 있었던 것은, "몸집보다
큰 고추 보따리 이고/십 리" 장터가 멀지 않았던 것은, "콩

나물시루 콩나물 같은" 쑥쑥 자라는 자식들 때문이었을 것
이다. 숙명으로 받아들인 운명 때문이었을 것이다. "열아홉
댕기머리 꿈" "종갓집 종부란 굴레에 묶"어 놓고 "쉴 틈
없는 농사일에/두루마기 시침이 더딘"(「그 시절」) "온종일
숨 헐떡"거린 "도돌이표" 엄마였다.

    장작불 속
    군고구마를 꺼내주면
    자식들은 얼굴에
    그림을 그렸다
    엄마는 덩달아 배부르시고

    먹다가 만 고구마 들고
    엄마 얼굴 바라보면
    어여 먹어 어여
    늘 배부르다시던
    엄마

                          ―「군고구마」 부분

    찐빵은 무슨 돈이 썩었냐.
    무섭게 실눈을 뜨셨다

    에미야
    장손 먹이게 고기 두어 근 끊어 와라

풀죽은 동생은 콧물만 흘리고
엄마는 괜시리 광목 앞치마 지르잡아
동생 콧볼 잡고 흥 해봐 흥
연신 콧물을 닦아냈다
흥 그래 그래 흥

나중에야 알았다
할머니 눈치 보며 흥 해봐 흥,
응 그래 그래 응 찜빵 사올게

—「장날」 부분

　안 먹어도 "늘 배부"른 사람이 있었다. 배가 고파도 먹고 싶지 않은 사람이 있었다. 어쩌다 명절 때나 꼴 보는 조기, 가운데 토막보다 대가리가 맛나다던 사람이 엄마다. 아무리 세상 듣기 좋은 소리 셋 중 하나가 자식 입에 밥 들어가는 소리라지만……, 생각해 보면 그때는 너무 철부지였다. 장손만 챙기는 시어머니 눈치를 살피며, 암호처럼 "괜시리 광목 앞치마 지르잡아//동생 콧볼 잡고 흥 해봐 흥/연신 콧물을 닦아냈다", "할머니 눈치 보며 흥 해봐 흥,/응 그래 그래 응 찜빵 사올게", 그런 엄마를 세월이 한참 흐른 후에 알았다. 엄마가 씌워주시던 우산, 당신은 다 젖으면서 씌워주신 그 우산 아래 고슬고슬했다. 그런 엄마가 계시던 "군고구마처럼/구수하던 시절"(「겨울 이야기」)이 마냥 그립다.

마지막 소풍인 걸 아셨던 걸까

첫 잔에
오장육부 깨끗이 씻어내고
둘째 잔에 힘들었던 일
잊어버리고……
여섯째 잔, 일곱째 잔
한없이 퍼주셨다

네 딸만 다시 찾은 지리산
민박집 고로쇠 물 항아리 속에
엄마의 유언처럼 바가지가
떠 있다

1박 2일
마셔도 마셔도 허기가 진다
여덟째 잔, 아홉째 잔,

　　　　　　　　　　　　　—「엄마 생각」 부분

주렁주렁 열리던 감이
올해는 듬성듬성 열렸다

가지가 부러지고
잎은 헤성헤성하다
온기 없는 집 지키느라 늙은 모양이다

어서 익어라 울 딸 먹이게
그 옛날 장독을 닦으시던
엄마의 혼잣말이 들리는 것만 같다

개망초 쑥대
발 디딜 틈 없는 마당
생전인 듯 엄마에게 푸념해 본다
마당의 저 풀은 어쩌라고

—「빈집」 부분

　세월은 기다려 주지 않는다. 세상 자식들의 한계겠지만 어쩌랴. 정신 좀 들고나니, 이제 좀 세상이 눈에 보이니 안 계신다. 변변히 여행 한번 못 간 평생, 어쩌다 네 딸 앞세워 고로쇠 물 마시러 가셔선 "여섯째 잔, 일곱째 잔/한없이 퍼주셨"었다. 이승의 "마지막 소풍인 걸 아셨던" 게 분명하다. 그 기억 따라 다시 찾은 민박집에서 고로쇠 물 바가지째 퍼마셔도 허기가 지워지지 않는다. 엄마 생전 반질거리던 장독도 빛을 잃었다. "개망초 쑥대" 무성해 마당은 이제 "발 디딜 틈 없다". 내 살던 엄마의 마당이 폐허다. 꼭 내 마음만 같다. 기다려 주시지 못한다는 걸 모르고 차일피일 했다. 후회막급이다. "텃밭을 보니/울컥 눈물이 난다"(「운다」). 숙명처럼 자식만을 위해 사셨던 지금은 가고 없는 엄마의 비에 젖은 서사다.

2. 차차 갬 오후 늦게 햇발

당신은 비를 맞고 내게 우산을 씌워주신 덕이다. 내내 내리던 비가 갠다. 구름이 걷힌다. 햇발이 비치는 건 절로 그런 게 아니다. 날마다 비나리 하신 엄마 덕이다. 내게 우산이 되어준 사람, 말없이 소나기 피하는 법을 가르쳐준 사람, 어쩔 수 없다는 숙명도 바꿔버린 그 사랑 덕이다. 엄마 가시고 딸과 손녀가 왔다. 무한한 사랑을 되갚을 길 없으니 아래로 향한다. 운명처럼 숙명처럼 언제까지 먹구름 가득할 줄만 알았던 세상에 푸릇푸릇 하늘이 보인다. 먹장구름 뒤에도 파란 하늘이 있을 것이라는 당신의 믿음이 옳았다. 당신의 평생이, 그 인내가, 그 희생이 내 인생의 우산이었음을 안다. 날마다 쨍하면 좋은 걸 모른다. 날마다 궂으면 세상 견딜 수 없다. 당신의 희생 그 보상을 내가 받는다. 그 답을 내가 듣는다. 겨우 다섯 자 남짓 엄마는 세상 최고봉이었다. 겨우 한 뼘 당신의 가슴은 태평양이었다. 내내 그 안에서 비를 피했다. 당신의 이름으로 내 인생에도 구름 걷히고 해가 뜬다.

메리골드를 따 말렸다
햇살은 꽃잎에
또 한 생을 피워냈다

비바람에 뒹굴고 치이며
생채기 끌어안고 살았다

얼마나 견뎌야 나는
얼마나 햇살에 말려야 나는
향기를 낼까

오후엔
우리 집 앞에 쓰레기를 버리는
이웃을 불러야겠다

햇살 아래 마주 앉아 꽃차 한 잔
깊어 가는 가을 향기 나눠야겠다

—「꽃차」부분

봄볕에, 가을볕에 말려 둔
그득그득 세 항아리 정성이
그만 손을 탔다

-중략-

정월 대보름날이 다가와
나물 몇 봉지 사왔다

내 얘기 들은 나물 파는 할머니
쯧쯧 혀 차며
덤으로 준 인심도 삶고 불린다

그래 바보짓 그만해야지

아니지 내년엔 여섯 항아리 할까.

오른손이 하는 일 왼손이 모르게 하라

이 말도 함께 넣을까.

—「아멘」 부분

눈 뜨고 있어도 코 베어 가는 세상이다. 세월이, 사람이 너무도 영악하다. 제 몫도 챙기기 어려운 세상이다. 많은 사람 어울려 살도록 세상에는 법과 규칙과 도덕이 있을진대 모두 제 편할 대로 해석해 버린다. 행해 버린다. 매일 몸과 마음에 상처가 난다. 세상일 억지로 되는 거 하나 없느니라 하시던 엄마 말씀이 들린다. 꽃차를 만들며 안다. 차향은 상처라는 것. 제 상처 안으로, 안으로 욱여넣어 향기 머금은 거라는 것. 너도 꽃차처럼 이웃들에게 곪힌 상처 향기로 품어라, 엄마가 이르신다. "봄볕에, 가을볕에 말려 둔/그득 그득 세 항아리 정성이/그만 손을 탔다" 화가 치민다. "그래 바보짓 그만해야지" 하다가 이내 마음 고쳐먹는다. "내년엔 여섯 항아리 할까./오른손이 하는 일 왼손이 모르게 하라/이 말도 함께 넣을까." 꿈에 떡 얻어먹듯 어쩌다 닭이라도 한 마리 잡을라치면 담 너머로, 싸리울 너머로 한 그릇씩 나눠주시던 엄마의 가르침이겠다. 엄마가 "고비마다 흘린 눈물"이 나를 "키운 회초리였"다(「절기」).

꽃잎 스치는

배시시 바람소리는

방긋 까르르
울 아기 웃음소리 같아라

바람에 나풀거리는
해사한 꽃잎은
옹알옹알 오물오물
울 아기 입술 같아라

-중략-

햇살에 반짝이는 씨앗 주머니
머루알 같은 울 아기
눈동자 같아라

-「채송화」 부분

동백꽃
봄비에 꽃망울을 연다

내 마음 알았는지
살포시 꽃잎 열어
살랑살랑 방긋방긋 애교

태어날 손녀 생각에
이름표를 달아주었다
'예쁜 분홍이'

-중략

사흘 후면
분홍이가 분홍분홍 오겠다
방긋방긋 살랑살랑

—「분홍이」 부분

없는 살림 있게 꾸린 엄마 덕에 생일날이면 하얀 쌀밥에
미역국을 먹었다. 오직 아들 손자만 치켜세우는 할머니 몰
래 사랑도 주셨다. 그 공 어찌 다 갚으랴. 만분의 일, 천분의
일이라도 갚아야 하는데, 이제 갚을 만하건만 아니 계신다.
어쩌랴 그래서 사랑은 '내리사랑'이라 했나 싶다. "배시시
바람소리는/방긋 까르르/울 아기 웃음소리"다. 태어날 손
녀 생각에 막 꽃망울을 열려는 동백꽃에 이름표를 단다.
"사흘 후면/분홍이가 분홍분홍 오겠다" 언제 사흘이 가나,
엄마도 나를 그렇게 기다리셨을 것이다. 무심한 남편 원망
도 없이.

신발을 선물 받았다

내 발이 짝발인가,
오른쪽 신발이 작다

바꿀까 말까, 고민하다

선물 받은 명품인데
그냥 신자,

작은 쪽 신발을 당겨서
늘려 신었다
그래도 불편하다
명품이라는데 왜 이럴까,

버릴까 누구 줄까,
에휴 그냥 신자
명품이라는데

40년 맞춰가며 신다 보니
지금은 제일 편한
신발

—「결혼」 전문

붓끝에서 들꽃이
천상의 옷을 입는다

불청객 박주가리는
고추밭이 매워
발랑발랑 뜀뛰고
쥐방울덩굴은
그네 되어 바람을 잡는다

-중략-

자궁 같은 흙에서 저마다
생명을 피워내고
향기를 풀어낸다

—「세밀화」 부분

　정신없이 살다 보니 내가 나를 잊고 산 적 많다. 이순耳順지나 이제야 눈이 트인다. 안경 없으면 볼 수 없었던 세상도 한두 페이지 읽어 낼 수 있다. "내 발이 짝발인가,/오른쪽 신발이 작다/바꿀까 말까, 고민"했다. 결혼한 지 40년, 어느 부부라고 평생 하하 호호거리고만 살랴. 살아 보니 알겠다, 내 발 짝발이 아닌 것을. 남편이 선물해 준, 아니 남편이라는 그 신발 명품인 것을. 살다 보니 편해지는 것이 신발뿐 아니다. 바쁘다는 핑계로 눈 주지 못하고 살았던 "들꽃"이 눈에 든다. 고추밭에 "쥐방울덩굴"이 "바람을 잡는" 것도 그려낼 수 있다. 세상 하잘것없는 것들, 볼품없던 것들이 "자궁 같은 흙에서" 생명을 피워내고 향기를 피워낸다. 어머니의 자궁 속에서 나 열 달을 살았다. 비 개인 세상에서 이제 향기롭게 피어날 것이다. "머리엔 어느새/만경강 억새꽃"이지만, "나만의 향기" 오래 품으라고 "바람을 위한 바람이" 분다(「바람」).

돌아보면 엄마의 날씨는 항상 궂었다. 곳에 따라 소나기 예보엔 언제나 엄마 계신 곳이었다. 여자의 숙명이라 치부했던 시절이었지만 송용희 시인의 눈에 비친 엄마의 궂은날들은 안쓰럽고 안타깝다. 거들어 드릴 수 없고 편들어 드릴 수 없었으니 먼발치에서 발이나 동동 굴렀다. 그런 기억이 언제까지 화인으로 남아 옥죈다. "후드득 후두둑/유리창을 두드리는 긴 장마,/빵을 찌던 엄마 꿈 깨어/통통 배부르다//평생을 다 주어도/못다 준 마음 남아 꿈에 오셨나,/다음에는 엄마/나 배부른 날에 오셨으면 좋겠다/나 배불러요,/내가 먼저 말해 버리게"(「맑은 날」). 날씨처럼 운명도 어쩔 수 없다지만, 그 어쩔 수 없음을 되돌아본다. 전반부는 사모곡이다, 궂은날이다. 흘러가 버린 물로 물레방아를 돌리자는 이야기 아니다. 반추反芻, 이렇게라도 해야 위안이고 위로일 것 같아서다. 후반부는 점차 개는 내 날들이다. 치사랑은 없다고 한다. 채 못 갚아드린 사랑 내리사랑으로 대신한다.

찰리 채플린의 말대로 삶은 가까이서 보면 비극이요 멀리서 보면 희극이다. 내게만 내리는 비요 내게만 부는 바람인 것 같지만 세상 곳곳에 비가 내리고 바람이 불 테다. 밀란 쿤데라가 소설 『불멸』에서 간파했듯이 시의 천분天分은 어떤 놀라운 관념으로 우리를 현혹하는 데 있는 것이 아니다. 존재의 한순간을 잊을 수 없게 하고 견딜 수 없는 향수에 젖게 하는 데 있다. 첫 시집 『맑은 날』 발간을 축하드린다.

이제 과거와 주변에 머물렀던 눈을 들어 앞을 보고 멀리 볼 것이다. 서산마루에 걸린 세월도, 앞만 보고 종종걸음치는 자신도, 늦가을 남으로 머리를 두른 기러기 떼도 눈에 들 것이다. 해만 뜨고 궂은날 없다면 세상이 어찌 푸르르랴. 일기예보처럼 인생 예보가 가능하다면 무슨 재미랴. 우연에, 우연에, 우연으로 지구별에 온 것, 엄마로 딸로 연이 된 것 숙명이다. 운명이다.

"새벽부터 잦아든 비는 오전 중으로 물러가겠습니다. 오후에는 푸른 하늘을 보실 수 있을 것으로 예상됩니다. 날씨를 전해 드렸습니다."